2017 · 부산 **詩文學** 사화집 24

차갑고 깊은 발돋움으로

2017 · 부산 **詩文學** 사화집 24

차갑고 깊은 발돋움으로

강 남 주
강 정 화
고 훈 실
김 검 수
김 예 진
김 인 권
김 지 숙
배 기 환
백 영 희
송 인 필
이 몽 희
이 병 구
이 혜 화
이 효 애
장 동 범
정 성 환
조 민 자
조 영 희
최 지 인
탁 영 완
한 경 동

도서출판 푸름사

부산 詩文學 사화집 24

차갑고 깊은 발돋움으로

Contents

Contents

강남주

1974~5년 월간 《시문학》 추천
『낯선 풍경 속으로』 등 9권의 시집, 『중심과 주변의 시론』 등 평론집 4권
E-mail : kangnc@pknu.ac.kr

현금 카드

누가 노려보고 있다
노려보는 놈이 누군지
천장도 보고 벽도 보면서
두리번거리는 놈도 있다
나 자신이다
손바닥으로 덮으려고 애쓰는
비밀번호에 가려서
어두워져버린 눈으로
현금인출기 앞에서
전후좌우를 王 본다
고구마 밭에서
넝쿨 따라 고구마가 나올 때
그때도 이랬던가

참새 따라하기

치석을 제거한 뒤
불평 가득했던 입을 헹구고
고해성사를 했다
가벼워진 몸으로
탱자나무 가시를 비집고
참새처럼 폴폴 날아다니기로 했다
지금껏 엉뚱한 무게에 짓눌려
벅벅거리다가 찔리며 살았지만
이제는 탱자나무 가시 사이를
가볍게 빠져
푸른 하늘로
날아올라도 되는 줄 알았다

가구와 주술

누가 나를 여기에 초대했을까
주인보다 더 밝은 미소로
반들거리며 앞으로 나서는 표정
그 앞에서 멈칫거리던 나는
예술보다 더 고급스러운
주술의 손짓에 감염되어
주인의 얼굴을 깜빡 잊는다
가구에 반해버린다
반들거리며 나를 먼저 맞기에
나도 먼저 인사를 드렸다

분재의 나이테

더는 좁힐 수 없는 나이테 사이로
촘촘한 겨울이 불고 있다
손가락 사이까지 파고드는
차가운 전시장 불빛이
바람보다 눈에 시리다
가마에서 천 삼백도 불세례를 거쳐 나온
번쩍이는 성채에 깔아놓은 이끼 방석
중세의 정원 화려한 고요에서
그래도 몸을 비틀고 서있어야 한다
포박된 철사를 벗어나려고
몸부림치는 저 아름다운 허구
거기
눈보라가 지금 후려치고 있다

몰랐지

하늘 낮아 더 높이 뛰지 못했다
달려가면 어디나 닿을 줄 알았던 것은
땅이 좁아서 그런 줄로만 알았다

처음부터 오선지 음표 위에서
마리오네트로 춤추고 있으면서
영생하는 부장품 토우를 보고
측은하다는 생각만 앞세웠다

발자국에 고인 물에도 풀잎은 뜨는데
그 깊은 바다에서 만 톤 큰 배는
어째서 좌초하고 침몰도 하는가

별이 어디로 떨어지는지 모르면서
묘망한 어둠 속으로 운석을 찾아가는
그대, 나 자신

혹시 오선지 악보 위에서
아직 마리오네트로 춤추고 있으면서
마냥 즐거워하고 있는 것은 아닐까

강정화

1984~5년 월간 《시문학》 등단
시집 『대낮의 허깨비』 외 13권
E-mail : kjh4710@hanmail.net

나를 찾아 길을 나서다 · 1

– 비밀 번호

흔적 없이 사라진 그 곳은 어딜까
내가 누군지 어디에 살고 있었는지
마침내 내 속에 있으리라 생각했는데
나 모르게 입력된 비밀 번호 찾아낸 모양이다
누구의 꼬드김에서 나를 떠났는지
원인을 알고 싶어도 원체 짐작도 안 된다
매출액도 기부금도 없는 맨손으로
도시 한복판에서 사라진 게 미스터리다
이 거리 어느 몰래 카메라에도 없단다
정체불명 비공식적으로 소멸되었다니
너무 뜬금없이 당하니 기가 찰 노릇이다
물 한 컵 마시고 찾아보지만 허탕이다
누가 불러서 나를 팽개치고 떠났는지
스스로 인연이 다되어 떠났는지
수소문하여도 기술격차가 오리무중이다
곰곰이 이유 찾으면 입장이 나올 것 같다
소갈머리도 없던 성질 변덕스러운데
진작 떠나지 않고 미적거린 게 진실이다
한번도 고맙다는 생각조차 못한 이유가 된다

나를 찾아 길을 나서다 · 2

– 꽃길

흔적없이 사라진 그 곳은 어딜까
평소 꽃을 좋아했으니 꽃길로 가보리
한번도 맡아 보지 못한 향기가 번지고 있네
평생 가 보지 않던 길이라 홀딱 빠진 것 같기도
특별한 인연을 짓지 않고는 갈 수 없다지만
투명한 생각만으로 사죄를 하며 갈 수 있을지
설산 만년설 속으로 숨어 들어갔는지 모르는 일
여태 가보지 않는 길이라 낯 설어도 신나서
어쩌면 나보기 싫어 떠났으니 먼 곳에 갔으리
한평생 속박 받았으니 더 멀리멀리 갔으리
꽃길로 갈 수 없음이 환하게 드러났으니
이제 어디 가서 나 몰래 숨어서 꽃잠 자고 있겠지
생각이 전환되어야 나 떠난 나 만나지
모난 성격 있는 대로 날 세웠으니 오죽했을까
무단으로 마구 불러 세웠던 갑질이 부끄럽고
너그럽지 못했던 순간들이 쏟아져 비수가 되었네
주워담을 수 없는 지난 시간들이 꾸러미로 묶여
어리석게 왜곡된 관리감독이 안 된 내가 서 있네
이즘에서 내가 싫어 나를 찾기도 싫어지니
애초부터 무인도서 살던 연가시였으니 어쩌리

나를 찾아 길을 나서다 · 3

– 돌개바람

흔적없이 사라진 그 곳은 어딜까
그때 그 길 앞에서 돌개바람이 보쌈한 게 틀림이 없어
내 속이 비좁아 풍경 하나 걸어 둘 수도 없었지
어둑하고 눅진한 골방 같은 구석진 자리에서
다리 한번 제대로 펴지 못한 궁벽한 살림살이
넉넉한 것 하나도 없어 숨소리조차 죽이고 살다
동해바다 정동진 같은 푸른 바람인 줄 알고
낯선 곳으로 떠나기만 하면 이별이 되는 줄 알고
주민등록마저 자동폐기 될 줄 알고는
바람이 보쌈해 간다기에 얼쑤 좋다고
무지가 용기 되는 줄 알고 줄행랑이니
무슨 수로 나를 찾을 수 있단 말이오
바람이 잠잠한 모롱이에서 밤새 기다리며
새벽녘 통정 후 바지춤 추스르며 튀어 나올까
그렇게 하여서라도 나를 만날까 기다려 봤지만
날 가고 해 져도 소식 없으니 어디서 찾으리
오늘도 날 버리고 간 나를 찾아 길 위에 서성이네

나를 찾아 길을 나서다 · 4

– 속죄

흔적없이 사라진 그 곳은 어딜까
애초부터 강물이 영 살기 힘들며 오라 했다고
한강 물길 따라 기적을 바라며 어머니 강 따라
나를 버리고 흔적없이 사라진 나 좀 찾아 주시오
떠난 나 나타나면 무조건 잘못을 빌리라
한평생 지은 죄 깡그리 사함받지 못하여도
달아난 내가 도로 온다면 목숨 다하도록 빌면서
예전에 못된 버릇 남김없이 속죄하길 맹세하리
나 버리고 어디론가 잠적한 나를 찾는다는 소문이
흉흉하게 제 멋대로 날아 둔갑술로 떠도니
소문이 겁나는 게 아니고 합성된 루머가 진화되어
참말 뉴스로 돌아 국회로 광화문으로 활보하여도
누구도 잡아가지 않고 경찰은 휴가중이라니
서민살이 일심동체되어도 살기 어렵다는데
찌지리처럼 나를 건사 못 해 오랜 세월 찾고 있으니
어찌 서울에서 사람살이가 힘들지 않으리
경찰 나리 사라진 나 찾아 주면 단란하게 살 터이니
민중의 지팡이로 저를 떠난 나를 지명 수배로 잡아주구려

나를 찾아 길을 나서다 · 5
– 유심조

흔적없이 사라진 그 곳은 어딜까
나를 떠난 녀석이 얄밉고 원망스럽지만
내 뿌리요 혼이요 근본이라 어쩔 수 없어
함께 살아볼 양으로 잡으면 저만큼 달아나니
한평생을 잡았다 싶으면 달아나는 꼴 보며
수없이 당하면서도 아직도 찾으러 다니는 원수
단번에 요절내고 말 일이지만 내 근원을 찾는 일이니
다른 묘책 몰라 흰머리 휘날리며 이리 휘둘리니
달아나면 붙잡고 애원하길 헤아릴 수 없이 하였네
생각해보면 유심조가 끊임없이 꼬드기는 모양이니
일체 못 만나게 유심조께 수없이 일러 놓았건만
이 일이 한평생 반복될 줄 전혀 눈치 못 채었으니
이리 아둔한 나를 알며 달아나지 않을 자 있으리요
내 속에 있는 정체불명의 내 마음 붙잡기 이리 난감하니
타인의 마음 언감생심 어찌 헤아린다 하리요
젊은 날 못난 나 찾으려 심산유곡에서 면벽기도도 하고
미친 듯이 울고불고 야단법석도 해보며 별짓 다해도
효험을 보지 못하고 내 풀에 내가 지쳐 벌러덩 눕기도 하며
그래 까짓것 몸 따로 혼 따로 살자고 독립선언도 할까 하오

고훈실

2010년 월간 《시문학》 등단
『시를 위한 알레그로』(2014) 공저
E-mail : Kosu89@hanmail.net

장면A

프리즘을 통과한 분절 색들이 차창에 갇혀 있다 애인을 만난 시간은 주홍빛 저녁이고 네거리 마트 입간판도 붉다 뒤차의 경적, 벚꽃이 핀다 가시광선 속으로 들어간 꽃들이 백골이 된다 퇴화된 키스의 흔적 곁으로 불빛이 새고

신호등이 바뀐다 베토벤 소나타 제26번이 채 끝나기도 전에 애인은 꽃 속으로 들어간다 심쿵의 바닥은 부실시공한 아파트 베란다여서 자리가 깊게 패인다 꽃들이 골조를 드러내고 나는, 뼈마디를 낮춘 오보에 소리에 묻힌다 뭐라도 자라는 밤

라면을 끓인 사람들은 모두 천국에 간 걸까 휘발한 분홍색 스카프를 목에 두르고 길에 서 있다 꽃잎 날리고 편의점엔 알바생이 컵라면을 혼자 먹는다 우리의 표식은 동일하지만 시선은 헝클어진다 어떤 침몰도 용서할 수 있을 것 같은 심야

스미고 있었던 거다 아니, 흘러 간 거다 처음과 끝을, 청색과 붉은색을 한봉지에 넣었던 거다 부러진 색들을 탕진한 거다 쓱 지나가는 꽃을 지녔던 거다 꿈의 플러그를 뽑고 울었던 거다 나쁜 사마리아인처럼 멍하니 서 있었던 거다

화무花無한 네거리에 오토바이 굉음이 지나간다 봄이 푹, 꺼진다

낙법

난 웃자란 아이였다
삘기 보다 빨리 피기 위해 이른 봄부터
잠수함을 기다린다

아무도 내게
봄의 군무를 묻지 않는다 꽃비가 무릎 위로
쏟아지고 별이 끓는다

잠수함에 숨어 있던 술래가
우리 집 고무 대야에 넘쳐난다
성한 귀를 가져본 적 없는 고요가 뒤를 받쳐준다

결빙과 해빙 사이
난 빨리 지기 위해 서둘러
꽃차례를 올린 걸까
웅덩이 속에 잠수함이 처박힌다

겁 없이 자라버린
표정, 누군가 건드릴 때
짧은 가시와 비린 연두로 나는 폭발한다

술래가
까만 잠수복을 벗고 내 꿈에 잠입한다
몽둥이와 주먹이 밤 새 오가고

풀섶 아래 널부러진 말言들
목이 꺾이고
몇 대 부러진 갈비가
아침마다 주섬주섬 일어선다

드레스룸

헤링본 바지엔 고양이가 산다 청어 가시에 찔리지 않게 발끝을 세우고 나와 똑같아지려는 호랑이를 거울 저편에서 본다 점프해서 나비가 된다면 즐겨찾기는 혼자 텅 빈다

어느 날 원피스는 컨테이너에서 자란다 매일 다른 생각만 비추다 멜팅 다운된 거울 앞에 취향이 방전된다 내 컨테이너는 파랑 빨강 초록 기타 등등으로 환승한다

러플 블라우스를 좋아한다 아웃커브가 커지고 러플이 난만할 때 난 보색의 목걸이를 건다 유토피아보다 더 지독한 것들이 종종 행거에 나열된다

자주빛 폴로셔츠가 나를 수확하는 건 오전 6시, 하늘은 회색이다 바닥의 스키니 진이 허벅지를 끼우고 흰 벨트가 새벽을 묶는다 붉음과 파랑이 서로를 혼동해 7시 반의 전철은 한 박자 늦게 온다

구멍 뚫린 청바지 한 장, 현상되지 않은 흔적들이 가볍게 새고 있다 망가진 망각들이 헐렁하다 내가 호랑이였던 호랑이가 나였던 한때, 지옥의 숲은 나를 소비한다

붉은 마놀로 블라닉을 꺼내 신고 계단을 내려온다 파울로 코엘료가 흰 자동차 문을 연다

쓱

– 에드워드 호퍼식으로

여기는 판도라 행성
연두빛 천장이 구름에 매달리고 검은 올빼미는
멀어졌다 모든 것을 받은 여자가 투명하게 앉아 있고
은하철도 999는 어둠을 헤치고 달린다

청동 거울을 목에 건 여자의 옆구리에서
줄기가 뻗어 나와 차창을 가린다 거울은 타他를 비추다
검게 탄다
햄릿의 습성은 같은 얼굴을 달고 매번 행방을 바꾸는 것
모로 앉은 여자의 구두 한 짝이 벗겨진다

황소 뿔자리에 초신성이 달려오고 선물은 넘치고
검은 거울과 뻗은 줄기가 창을 교호한다 같은 방향을 바
라볼 때 행성은 폭발하므로 여자가 자리를 비우고 남자는
졸고 있다

음료 카트가 지나간다 분화구 속으로 구두 한 짝이 처박
힌다 탐색이 끝난 남자의 하품, 왜곡된 올빼미가 눈 앞을
찍어댄다

차가 멈추고 침대칸에서 사람들이 쏟아진다 캐리어를
끌고 여자 앞을 지나가는 남자, 소리 없이 출입문이 열린
다 문틈에 끼어 퍼렇게 멍이 든 행운은 처치 곤란, 컨베이
어벨트 기차가 출발한다

고려 엉겅퀴

곤드레 나물 축제
네이버 검색란에 곤드레가 지천이다 연한 잎이 커서처럼 퍼진다

기차가 설 때마다 사람들이 쏟아진다
허기가 시장으로 몰려온다 잎의 시절에 걸터앉아 곤드레 나물을 비빈다 간장과 깨소금을 더해 한 입 위에 입들이 포개지는 봄,

푸성귀는 시간의 구석을 키운다
하루치의 잎사귀는 하루씩 꽃대를 올려

늦가을 곤드레 밭, 보랏빛 엉겅퀴 꽃이 사방에서 터진다
식물학자들은 비로소 고려 엉겅퀴라 한다 잎의 시절, 한 번도 짐작 못한 대전帶電이 꽃과 나를 관통한다

엉겅퀴를 곤드레로 착란한 순간
온몸이 감전된다

꽃의 계절을 싹둑
자른 죄

어떤 과오는
꽃으로 갚는다는 걸, 나는 몰랐다

김검수

2017년 월간 《시문학》 등단
시집 『간토기 앞에서』 외 다수
E-mail : dchmotor@hanmail.net

1호차 역방향

열차는 숨이 가쁘다
1호차 8번 통로가 뚫리고
나는 역방향으로 돌아앉는다
왼쪽 눈은 오른쪽으로 부딪히고
오른쪽 눈은 왼쪽 어깨 너머로 무너진다
어깨의 중심축이 휘어지는 특급열차
휘어지는 역방향에 꿈을 꾼다
독수리발톱을 세우고 자는 새우잠
방향지시등에 걸린 채 대롱거린다
내려앉는 어둠을 묶고 몸을 추스른다
사라지는 풍경 속에서 모나리자는
대각선으로 돌아앉는다
쇼팽의 아리아를 듣는 창밖의 산등성이
남자와 여자가 끌어안고 있다
곤두박질치는 시간 속으로
함성을 지르는 대열이 지나가고 있다

어머니는 다시

풀다 만 실타래 한 올이
어머니 허벅지에 걸려 있다
육이오 전쟁에서 쓰러진
눈물자국이 걸어나온다
어머니는 다시 물레를 돌리고 있다
실가닥이 하나 더 헝클어진다
거울 속 매듭 끝에
베수비오 화산구는 입을 벌린다
튀어오르는 화석을 삼킨다
팬암여객기를 몰고 사라진
스코틀랜드 로커비에
어머니는 다시 물레를 돌리고 있다
실타래가 조금 더 풀리는 것 같다
헝클어진 머리카락을
이빨 엉성한 플라스틱
빗으로 쓸어내리는
어머니는 다시 물레를 돌리고 있다

아린 눈빛

서러워한 적은 없다
찻집 간판 하나가 떨어져 나간 자리
이끼에 잠긴 흔적을 본다
시리우스 목성에서 멀어진 카시오페이아
마음 하나 사로잡는다
근골 사이로 휘감기는 소리
새벽잠을 설친 눈알이 뿌옇다
갑오년 동학운동 이후
성년 후견자의 목줄을 달고
기다림으로 지친 혓바닥이 마른다
현관 계단을 길어올리는 발자국소리
잊은 적 없는 기다림을 삼킨다
어둠으로 고인 흐린 물병을 들이키는
아린 눈빛이 깊다

여우사냥

예리한 칼날에 묻은 피를 핥는
여우가 있다
감각을 상실한 굶주린 혓바닥으로
굽은 등뼈를 세우며 칼날을 핥는
피맛을 잊지 못하는 여우는
눈 덮인 몽골
황야에서 피의 축제를 한다
농 깊은 상처의 아릿함
붉은 살점이 뚝뚝 떨어진다

속보계

이른 아침 휴대폰에 정착된 고독한 여정이 시작된다
건넛집 고양이 침묵하는 시간이 열리고
눈썹 짧은 달은 붉은 망토를 걸친다
일직선에서 가진 생각과 버리는 길목의 선상에 선다
깜박이는 숫자 0과 내 몸의 진동수는 맥박을 흔든다
새우잠을 획책한 마음 밖에서 서성이다
현관문을 열고 선 찬바람은 긴 목을 감는다
내 허벅지 길이만큼 큰 보폭 넓이를 잰다
눈을 뜨고 감을 때마다 푸른 창이 열린다
매연 가득한 거리는 싱그러운 여름을 그린다
스쳐가는 풍경이 물살에 미끄러지면
바퀴 달린 신발을 생각한다
미로의 시간마다 촉수를 감지한 허리는
뱃살을 헐어낸다
먼 산은 시선을 곁눈질하고
물든 잎은 비밀의 문턱을 넘는다
불면의 시간이 흘러가고
나는 밤을 잊은 채
되돌아오는 길을 재촉한다
숫자가 일 만이 찰 때까지 걸어가는 길은 훤하다

김예진

2014년 월간 《시문학》 신인상
2017년 경상일보 신춘문예 당선
E-mail : kyj3@hanmail.net

꽃 같은 당신

당신이,
사과를 깎는다
꽃 같이 깎아서
한입 먹기 좋게 잘라
꽃사각 접시에 담아준다

단맛만 알고
쓴맛을 모르던

당신이,
꼭지부분을 먹는다
사는 동안 꽃처럼
귀한 대접 받았다며
꽃 같은 말을 곁들여준다

냄비론

그 성질 장난 아니네

열 오른다고
부글부글 거리며
속을 끓이는 저 꼴 좀 보기요

머리뚜껑 열린다고
엉덩이를 치켜들고
방방 뛰는 저 가관 좀 보기요

길길이 날뛰다가
급기야
뒤집어지는 저 꼴 좀 보기요

정신 차리라고
찬물 한바가지 끼얹었더니
기절하는 저 모양새 좀 보기요

그 성질 보통이 아니네

하산은 발꿈치를 들어야 한다

가장 높은 곳에서의 두근거림
그 감격에 물들던
차갑고 깊은 발돋움으로
아래를 굽어보는 즐거움이 아찔했다

꽃 속이어서

꽃 지는 소리로 귀를 적시는 비
녹아내리면서
발과 발 사이의 길이 낮은 곳으로 향해 있어

뼈마디로 조여 오는

비와 안개의 지명이
꽃의 각도를 지우고 간다
부주의한 길이 출렁인다

본 자세를 낮추면서

발꿈치를 들고 따라오던
내리막이 욱신거려,
땅의 발바닥을 쓸어보았다
무수히 미끄러져 내리던 비탈이 만져진다

스펀*에서 천등을 날리다

기도의 꽃을 새긴다
바람으로 접어서
벅차도록 밀어 올린다

꽃이 핀다
하나 둘 셋 넷...
바람의 흔적으로 부푼다

내 시력이 굽어보는 데서

바람의 수만큼
꽃이 되고 기도가 되었으면 하는
생각의 끝에
안개 같기도 한 비가 내려

부슬거리는
바깥을 만지작거려본다

한 뼘도 안 되는 거리에

기도로 꽉 찬
기찻길풍경이 서 있었다

* 스펀 : 대만에 있는 작은 마을

호수의 눈

시인의 화소를 가진 그 눈은 짙고 깊었다

그 깊은 눈 속으로
그리운 것들이 하나 둘 빠져들면
초점이 흐려지고 눈이 찔린 듯이 아파했다

마치 운 것 같이 두 겹으로 겹치는 꽃잎

눈이 짓무르고 눈곱이 끼어
나비의 흐름을 거스르는 바람

한번쯤 꽃을 피우고
한 바퀴쯤 마음을 적시고

저녁 해처럼 돌아나가면

곁눈에서 나비
한 마리 흩날리고
꽃을 헤아리던 눈가엔 습기가 찬다

한쪽으로 접히는 물살은
그대로 아픔이어서
마음에 남는 꽃을 꺼내 닦고 있다

김 지 숙

2001년 월간 《시문학》 평론 등단
시집 『푸른 솔숲 꽃이 되어버린 바람』 외 1권
E-mail : kjsinfano@hanmail.net

詩

온종일 머릿속에
수많은 말들
보내고 데려오고
눈감고도 잠 못 들어
이리저리 어르고 달래봐도
도무지 지겨울 리 없는
달콤함

도요마을

낙동강 끝자락을 안고 선 그곳에 갔다.

해질녘은 아직도 멀었는데, 저 먼저 어둠이 찾아 드는 곳. 도요새처럼 무리지어 사는 순한 사람들을 만났다. 사는 일이 어떠냐고 묻지 않았다. 사는 맛이 어떠냐고도 묻지 않았다. 소태 같은 삶, 들킬까 두려웠다. 냉기를 고두로 얹은 생 땅콩 한줌 쥐어주는 실핏줄이 굵은 손, 촌부의 눈빛은 따뜻했다. 낙동강 건너온 바람이 말한다. 춥지 마라 섭섭지 마라 살아 있으면 다 흘러간다 낮은 가지에 앉아 한세월 보내면 저절로 비워지는 것이 삶이다 낯선 사람이 반갑고 사람의 목소리 기다리는 그 곳.

한겨울 이고 사는 도요마을에는 가장 작은 몸으로 가장 높이 나는 꿈을 꾸는 사람들이 봄을 기다린다

명주달팽이

그가 지나간 길은 미끄럽다
뒤에 따라 오는 이들 상처없이 지나가라고
수풀 나뭇잎 돌밑 어디든
온몸 던져 걸림 없는 길을 닦는다

앞서 걷는 걸음이라 그의 피부는 늘 따갑고 아프다
'어린 너는, 잘 닦아놓은 이 길로 고이 가거라'
쌉쌀한 삶을 먹고 부드럽게 다독인 길 다 내어놓는
그는
얇은 피부막이 짓찢기고 패각이 깨진 몸뚱이로
人無我에 든다

잘 닦여진 길은,
길이 아니라 그의 살이 녹은 인고다
열두 얼굴, 마음을 비우는 일상이다
목숨줄 쥔 밥숟갈 기꺼이 내어주는 초연超然이다
아니, 느린 생 다 내려놓은 그이다

득도 입문, 혹은 허물벗기

여름 가뭄의 낙엽처럼 느티나무 가지에 딱 붙은 매미 허물. 오랜 인내의 결과물인가 풍요를 위한 번제물인가 이루지 못한 일로 욕심 비우고 마음 다스리는 법을 배운다

높은 산을 오른 이도 벼랑 끝에 서면 모두를 내려놓는다. 많은 것을 가지면 쉬이 날지 못하고 높은 곳을 바라면 한 번도 쉴 수 없다 익선관은 고사하고 품은 것이 없다고 가벼이 날까

땅 밑에서 17년, 수액을 빨다 생전 처음 나뭇가지 위로 올라와 제 허물 어디 걸지 모르는 어린 선연처럼, 세상에 첫 발 내밀고, 두꺼운 허망을 사람에게 걸까 노을에 보낼까 사방천지 헤매던 날, 아무렇게나 아무 곳에나 제 허물 척척 걸어버리는 무정한 사람들 속에서 나는,

걸림과 번뇌 넘어 사려를 끊고, 정적을 좇아 무아에 들고, 혼돈이 사라지는 합일의 경지에서, 눈꽃이 휘날리는 무위경지까지는, 아직도 한참 더 멀었다 나도 모르게 수시로 내 몸에 고여 드는 번뇌의 시끄러움을 번번이 벗겨내는 소소한 낮의 일상

봉창문

그 집 아래채에는 대문 밖이 보이는 얼기설기 엮은 봉창문 하나 있었다. 한겨울이 지나면 그 봉창문은 늘 열려 있었다. 손바닥만한 봉창문에 햇살이 들어오면 아이들은 서로 밖을 내다보려고 작은 얼굴을 쏙쏙 내밀고 누런 이를 내보이며 햇살과 인사한다. 어른 둘 누우면 꼭 맞는 아래채, 여섯 식구 옹기종기 살을 맞대며 살던 순이네.

큰 솥에 보리누룽지 푹 퍼지게 끓여 양을 불리고 여름이면 수제비 국물로 배를 불리던 가난한 그 집 밥상. 아이들이 자라, 온 식구가 한방에서 누울 수도 앉을 수도 없자 엄마는 여름 햇살처럼 늘 마당에 서성이고 큰 언니는 반쯤 툇마루에 바람처럼 서서 끼니를 때우던 그 집

옷 한 벌을 사면 다섯 형제 내리 입어 막내가 입을 즈음 옷인지 걸레인지 너무 어려서 부끄러운 줄 모르던 순이는 그 옷을 입고 동네를 온종일 뛰며 놀았다. 지금도 흑백사진 속에는 손바닥만한 봉창문에 비치는 햇살 한 줌만으로 배가 부른 순이네 여섯 식구가 나란히 서 있다.

배 기 환

1997년 월간 《시문학》 등단
시집 『전생을 굽다』 외 5권
E-mail : kj3870@hanmail.net

세상을 클릭하면

진작 분리수거 되어야 할 인간들이 IS 명찰을 달고 심심하면 지구촌 곳곳에서 소란을 피우고 속된 말로 개판을 친다 한반도 휴전선 북쪽에선 아무 대책 없이 계속 미사일 잔치가 벌어지고 수도 서울의 집 값은 연일 고공행진이며 그동안 경제논리에 의해 철저히 부富를 매점매석하고 있던 자본들이 독점한 도심의 빌딩 숲은 하늘 높은 줄 모르고 치솟다가 욕망의 번지 점프를 한다

역사 이래로 지금까지 쌓이고 쌓인 폐단이 과연 얼마나 될까

적폐 청산이라는 대명제 아래 과거를 까뒤집다 보면 단종 임금이 왜 무엇 때문에 폐위되었으며 장희빈에게 내린 사약이 부자附子액일까 아니면 초오草烏액일까 하는 잡다한 것에서부터 백범 김구 선생의 시해를 철저히 재조사하고 그 배후를 명명백백하게 밝혀 당연히 역사 바로 세우기를 해야 하는데 참 할 일은 많고 시간은 없고 과연 그 작업이 가능할지 세상을 클릭할 때 마다 나는 걱정이 된다

정오에서 3시까지*

내가 탕진한 젊음들이 어슬렁거리는 비프 광장

한때 촛불에 임의 행진곡을 태우던 군중들 뿔뿔이 어디로 다 흩어지고 지나는 행인들의 발자국마다 초가을 냄새가 묻어난다

자갈치 어느 허름한 꼼장어집 구석에 앉아 묵은 기억을 술잔에 띄우며 흘러간 영화 한 편을 돌려본다

남자 주인공 그레이엄은 일당들과 은행을 털기로 한 당초의 굳은 약속을 어기고 한 저택으로 침입하여 여주인공 아만다를 겁탈하며 결국 사랑에 빠지게 되는데,

언뜻 보아 정통 서부 액션 영화 같지만 격렬한 남녀 애정을 매개로 한 멜로물로 말하자면 관객을 기만하고 사기친 영화다

당시 수사자처럼 풍부한 야성으로 남성미를 자랑하며 서부극의 대명사로 알려진 찰스 브론슨과 그의 아내 질 아이랜드가 주연이었던 영화 '정오에서 3시까지'

그때 그 속임수에 꼬여 같이 영화를 본 그녀가 바로 지금의 내 아내가 되었는데 벌써 40년도 훨씬 더 지난 일이다

* 1970년대 찰스 브론슨과 질 아이랜드 주연 서부영화

고작

야구나 골프, 바둑 값은 하늘 높은 줄 모르고 천정부지로 치솟고 있는데 도대체 시詩값은 계속 제자리걸음이다
이 얼마나 불공정하고 억울한 게임인가 이대호가 롯데에 입단하며 받은 몸값이 자그마치 37억 5천만 원이란다.
박성현이 유 에스 오픈 골프에서 우승하여 받은 상금이 10억 2천만 원이다, 그뿐인가 이세돌은 알파고와 바둑 다섯 판을 두고 4대 1로 완패를 당했는데도 대전료 2억 6천만 원을 받았다

대상! 대상에게는 상장과 함께 상금 2천만 원이 부상으로 주어진단다

오대양 육대주 누비며 번번이 파도의 빗장걸이에 걸려 넘어지면서도 바다가 좋아, 격정으로 춤추는 그 파도가 좋아, 밤을 새우며 뼈와 살을 깎는 심정으로 쓴 해양시 50편 내고 받은 상금이 고작 2천만 원이다
그것도 예년에는 40편이었는데 올해부터 10편을 더 내라고 하니 엄격히 따지면 편당 값은 더 떨어진 셈이다
그러나 간밤에 쓴 이 시를 골똘히 생각하고 생각하다가 결국 고작이라는 단어는 빼기로 했다

댓글

촛불과 태극기의 물결이 연일 극렬하게 대치하고 스팸처럼 카톡에 글들이 막 쏟아지던 어느 날 광화문 촛불시위에 참가하고 그 인증 샷을 K에게 보냈더니 즉각 다음과 같은 댓글이 달렸다

현행범도아닌한나라대통령을끌어내려야한다고막무가내로옥박지르고협박하는그것이야말로한마디로반민주적폭거요인민재판식마녀사냥이다대통령이기이전에한여자로써속된말로요즘소도개도맞는보톡스태반주사좀맞았다고치자그것이왜여론의몰매를맞아야하나니들마누라나여식들한번검사해볼까아무개서울시장마누라어느여성국회의원도얼굴반반한것보니틀림없이보톡스맞은것같데그들이맞은보톡스는민주적이고대통령이맞은보톡스는비민주적이냐니가하면로맨스고남이하면불륜이냐사사건건시비만거는언론시민단체시위꾼가짜농민귀족노조일부국회의원왜그렇게야단법석이냐설사긷라임이라는가명으로굿판좀벌렸다치자당장나라거덜나는것도안닌데선진국이라는미국트럼프도선거때보니목사들줄줄이나와어깨에손얹고살라살라하데그것은굿판과뭐가다르냐여자로써옷매일바뀌입으면어떻고명품빽좀들면어떻냐어느국회의원이사줬는지강남의술집여자는싯가5천만원짜리헤르메스핸드백도들고다닌다데7시간뭘했는지왜공개해야하나대통령은사생활도없냐너희들마누라와딸들은생리도안하냐왜잘한것없냐개성공단닫아북한돈줄끊고공무원연금개혁하고악덕기업압력넣어일부일용직정규직전환하고능력없는노인들기초연금주고잘한것도많은데볼알찬대통령도김정남에게쩔쩔매며달러막퍼주고온갖짓을다했지않느냐김정은과당차게맞서대북방송재개하고사드배치하고나라위신세웠는데누구좋으라고고추가루막뿌리냐서울시장충남지사형수에게상욕퍼부었다는그시장시정도정다내팽개치고연일거리로나서는데그들보고잡룡이라고잡룡좋아하네용은하늘을날지길거리떠돌지않는다길거리싸돌아다니는것은잡룡이아니라잡견이다국회비우고외국나가골프나치고고급술집안방에서접대부허벅지만지며천만원짜리양주까고새끼들외국시민권얻어재산빼돌리고고액세비에뇌물까지받아먹으며선거때만되면박근혜치맛자락붙들고손바닥슬슬비비며국회의원해쳐먹던너네들그야비한손으로탄핵한다니참기가차서말이나오질않는다100만시민팔지마라그들중엔종북좌파급진세력도있다진정한민의를파악하려면국민투표에붙이자분명히말하건데대통령탄핵하야주장하려면너희들부터먼저국회의원직내놓아라오늘날나라가요모양요꼴이되기까지너네들은도대체뭘했냐국정을살피고감시해야될너희들은나랏일내팽개치고외유에골프나치고노닫거리지않았느냐한동안노란리본달고세월호팔아먹고살더니이제또순실이팔며얼마나국민피빨아먹고살거냐이제노란리본떼고빨리검은리본달지뭐하냐곧국민이죽고대통령이죽고나라가죽을것인데촛불에타죽을이후리아들년놈들아!

註 나도 플라톤의 국가론과 하이에크의 자유주의 경제론 등을 논하며 대가리에 먹물 든 품위 있는 정의파인 것처럼 행세할 수 있지만.... 이란 글만 남기고 그 후 지금까지 K는 나와 연락이 끊어졌다

賣, 가난

19세기식 옹벽들이 층층이 쌓여 있는 구불구불한 도로를 펼치며 걱정과 근심을 실은 낡은 마을 버스 한 대 힘겹게 오른다
아직도 그 지긋지긋한 가난을 오색벽화가 그려진 담장 속 다락방에 꼭꼭 채워두고 살아가야만 되는 광역시 산복로 180번지 가난의 발자국이 인화된 시멘트 바닥에 온갖 잡동사니들이 바람에 이리저리 나뒹군다

방매가放賣家가 아니라 가난매家難賣라고 덕지덕지 붙은 전봇대가 서 있는 골목길 낡은 이발소엔 밀레의 그림속에서 저녁종소리가 은은하게 흘러나오고 빛바랜 회전간판이 삶의 애환을 쉬지 않고 잡아 돌리며 이제 내다버릴 만도 한데 아직도 버리지 못한 지긋지긋한 그 가난을 그대로 껴안고 살아가고 있으니 어쩔 수 없이 가난도 결국 상속을 해야 되나 보다

백영희

1994년 월간 《시문학》 등단

시집 『지장경 싹이 트다』 외 3권

E-mail : mearibyh@hanmail.net

도화살

– 두부

낡고 찌그러진 도화의 그릇
젖비린내 풍기는 콩과 달빛이 살고 있다
팍팍 문질러 도화살을 지우는 작업에
옹알이로 쏟아낸 햇살
발자국마다 고인 웃음과 향기
온몸을 부풀려 눈 마주보며
두부 양념장에 빠진다
아픔과 한 몸이 되려는 두부
옷깃 여미며 가뭄의 흔적이 아프다
몸속에 파종된 바람의 씨앗
몸을 뒹굴며 다리를 뻗어
심장에 콩물을 품었다
갓 태어나 탱탱한 몸
삶겨 숭숭 구멍 뚫린 두부의 명상
도화살의 문신을 지운다

도화살

– 나비

온천천 흐르는 물에 하늘을 그렸다
구름과 천둥이 모여들고
봄의 꿈에 나비로 날았다
하늘에 이팝나무와 청포도를 심었다
구름에 잠긴 이팝 꽃잎과 청포도
바다의 달이 삼켜 버렸다
보이는 것은 달빛 아래 그물코에 걸린
배고픔이었다
하늘의 하얀 접시에 가득한
청아한 눈망울과 설렘
누구나 청포도 시를 읊조린다
홍수로 붉은 황토의
물밑 마을로 이사 간 영혼들
온천천에 빠진 구름들
지장경 읽는 소리로
하얀 접시의 청포도 한 알씩 삼키며
나비로 날아간다

도화살

— 오비도

봄비가 거둔 꽃의 살결
바람이 웅덩이에 모으고 있다
오비도는 낮달과 꽃잎을 머금은 채
붉게 질퍽거린다
그림자는 발길에 밟히고 뭉개져도
소리 없이 우는 법을 배워
고향의 파도는 길을 움켜잡는다
봄이 보내온 천형의 냄새
뇌의 혈관까지 퍼지는 달의 향기
빽빽이 들어선 도화살의 기운이
배속 가득한 열병을 바람으로 휘몰아
색색의 꽃 장기 곳곳에 춤춘다
가슴에서 흘린 세포의 반란들
도화살의 문신이 찍힌 붉은 강물로
몸 구석구석 진을 친다
꽃의 말로 세상의 수다를 채운 달빛은
바다에 빠진 멀건 미소를 안고
오비도 앞바다의 살이 된다

도화살

– 아구

세월의 기호가 붙은
공허한 마음이
접시의 붉은 집에 달과 노닌다
콩나물과 아구의 큰 입이 젓가락에 앉아
쉼 없이 여자의 허기진 배를 채운다
달의 둥근 줄에 엮인 요란한 껍데기
시간을 뭉쳐 여자의 눈과 가슴에
그림을 그린다
비뚤비뚤한 걸음과
매운맛이 허공에 매달려
도화살은 엉킨 생의 벽화가 된다
여자가 오르던 절벽은
달빛의 곁눈질로 헛발질한다
깨진 접시에 담긴 웃음이
허공에 남긴 발바닥이
젖은 이끼 위로 시간을 멈춰
비와 구름 사이 물기 잃은 도화살
바다로 흩어진다

도화살

– 얼굴

보름달의 생명을 마신 강물은
온몸을 열어 달을 받아들였다
달빛은 물에 퍼졌고
삼킨 빛을 건지려
그물을 치며 깊이 잠수한 도화는
떨림의 열꽃을 피운
달의 얼굴로 태어난다
폭우가 몰고 온 검은 소문들
하얀 눈 속의 공동묘지
종이로 바스락거리는 꽃길
처녀귀신의 치맛자락
세월은 달의 기억을 무늬로 그리며
도화살의 길로 달려간다
손가락 사이로 빠지는 눈 먼 달
도화는 가슴에 봉인된
기억을 털어낸다

송 인 필

1995년 월간 《시문학》 등단
시집 『비밀은 바닥에 있다』
E-mail : ips3300@naver.com

통증

나 대신 아프려고 이곳에 온 나무
이파리와 가지 사이 은유를 뾰족이 내밀고 둥지를 말고 누워 있다
너무 여린 호흡에게 미안해서
심장을 도려내듯 움켜쥔 통증에게 미안해서
나무의 등을 두드린다
운동을 좀 해야겠어
식은땀을 흘리며 100미터를 걷고
세 숟갈 밥을 뜨며 또 흘리는 식은땀에게 미안해서
나무의 등을 두드린다
한번은 심장에 알콜을 넘치게 부어
상처를 치유하려 한 것 같았다
왜 취했니 왜 취했니
눈을 감고 울고 있는 나무의 상처에게 미안해서
볼멘 소리로 덩굴손 내민 힘없는 눈빛에게 미안해서
나에게 미안해 하는 나무에게 더 미안해서
나무의 등을 두드린다
나 대신 젊어진 나무의 아픔이 미안해서
잠든 나무의 심장에서 저리도 짙게 나는 울음 향기가 미안해서
날마다 나에게로만 스민 변이가 너무 미안해서
나무의 등을 두드린다
홀로 어깨 들썩이며 바다를 퍼내는 나무에게 미안해서
나는 꽃절기 다 넘기고
찬물에 미안함을 말아먹는다
내 아픔을 아프려고 이곳에 온 나무
내 아픔 견디는 발목뼈가 앙상하다

잠아

눈을 감은 채 눈을 뜬다

모든 잎은 눈을 뜬다 그는 낙엽 한 장 들고 아직 희미한 떨켜를 가리킨다 꽃이 시작된 곳도 꽃이 가야할 곳도 모두 이 속에 있다고, 다년생 일년생 식물 표본을 펼치는 큰 손이 식물의 관 같다

혼자 있는 씨앗은 홀씨를 잘 날리는 편이지

편의점에 앉아 컵라면을 먹으며 그가 말한 홀씨를 생각한다
도르르 말리는 라면의 홀씨
조간신문 속 넝쿨식물이 된 소년이
도르르 말려 절벽을 오른다
엄마를 향해 라면 넝쿨을 키우던
어려 더 큰 적막을 데려간 불꽃 속
생장점은 어디에 숨어 있을까
어디에 홀씨를 날렸을까

힘이란 힘 모두 모아서 오렴
눈 속에도 축약된 가지가 있는 것처럼
가지 죽죽 뻗어
겨울에도 지상부가 살아남을 나무가 되렴

잘 자는 잠을 배워야 해

식물도감에도 없는 숨은 잠을 찾아 한 숨 두 숨
라면의 뿌리를 들고 지하로 간 아이의 포자가
종일 잠 속에 홀씨를 날린다

꽃이 피지 않았다고 꽃이 진 게 아니다

오빠의 만년필

그의 기침은 연필꽂이에 꽂혀 있다
종일 콜록이면서, 컴퓨터 자판을 두드리던 손끝
기억 속에 아스라하다

잎 진 호두나무는 설움을 매달고 있다
깊이 굳은 말이 가지마다 딱딱하다
네루다가 무겁다 네루다를 호흡한다 네루다를 건너뛴다

남해로 다녀간 후 입을 닫은 그의
몸피를 쓰다듬으며 안개길이 열린다
나무의 물관처럼 살찐 몸피가 솟구치는 글을 써라
생을 깨울, 날카롭게 찌르는 노래를 불러라

아픈 무능함은 아프게 굳는다
하얀 도복 펄럭이며 날아가던 나비되어
그는 언덕을 넘고 있을까
사루비아, 분꽃, 머금었던
하늘을 물고 쩡쩡 얼음장에 몸을 씻을까

수덕사 단풍잎보다 더 가벼이 날아간
등 곳곳 웅덩이를 파고 슬픔을 쟁여둔
곰삭은 그의 노래가 흘러나왔다

굳은 그의 등을 닦아주는 손바닥에
남은 수액을 눈가에 흘리는 그가 보인다

세월

기다리지 말라는 편지를 받았다
하염없이 걸어 닿으면 사라지던 그곳
자정이 넘을 때까지 큰 눈이 내려
끊긴 막차는 다시 오지 않았다
갈참나무 잎이 바람에 쓸린 자갈돌 소리를 듣는다
때를 놓치고 먼저 와 기다리던 허기
운동장에 가만 서 있다
오래 낯선 키낮은 책상에 앉아
기다리던 밑줄 하나
오지에서 오지로 헤매다 사라져버린 가방 하나
골 깊은 문장을 따라
붉은 끈을 겨우 풀고 있다
동백꽃 문장 앞에 무릎을 묻은
겨울이 지나간다
꽃눈 아릿한 꿈속에 지나간다

해당화 반죽

밀물의 엄마는 해당화 반죽에 골몰합니다
아직도 구수한 배고픈 냄새
썰물의 개펄에 배고픔이 꽃핍니다

반죽을 잘 해야 꽃이 익는 겨
이리 치대고 저리 밀리며
설익은 꽃밭을 가꾼 나

엄마의 반죽을 뜯어 먹고야

세상 가장 깊은 몸으로
염천 노을에 발효된 구름꽃을
산마루의 골깊은 주름꽃을
처음 보았습니다

엄마
흔들어 깨워도
아직도 땀 흘리며 뻘세상을 반죽하는 꽃등이 너무 서러워
해거름이 둥둥 해당화 어깨를 떠안고 웁니다

반죽된 오빠 반죽된 언니 반죽된 내가
해당화 우물 속에
두레박을 꽂았다 올립니다

이 몽 희

1986년 월간 《시문학》 등단
시집 『둘이서 발 맞추기』 외
E-mail : mong310@hanmail.net

반딧불

이 불을 켜 들고
너를 사랑한다 말할 수가 없다
밤새도록 가슴에 불을 지펴도
활활 태워 보일 수 없는 나의 마음
뜨거워지고 싶은 내 사랑의 불빛은
왜 이리 서늘하기만 한가

차라리 나를 강이라 하라
강 속으로 흐르는 불
뜨거웠던 여울도 폭포도 다 지나온
차갑게 떠도는 불의 강이라 하라

어차피 여름밤은 짧고
이 불빛으로 내 연서를 읽을 너도
동트는 하늘을 찾아 떠날 것이니
부서져 그대 앞에 산화散花하여
소슬히 길 밝히는 꿈이나 꾸자

달을 읽다

달은 너 있는 쪽에서 더디다
네 마음이 무너지고 찢길 때
하얀 제 살을 도려내어 너의
빈자리 채우느라 걸음이 늦는다

생살 떼어낸 자리 검은 눈물 자국
상처를 견디며 물끄러미
나를 내려다보는 달
작아지고 사라지고 다시 살아나서
만월이 되는 그 역사를 나는
사랑이라 읽는다

짊어진 등 뒤의 거북등 같은 암흑마저
빛으로 바꾸어 너를 비추고 싶은
그 간절함으로 한 생을 살고
오늘 새벽은 이 빠진 낫 한 자루로 모지라져
호수 바닥으로 가라앉는
저기, 그믐달

그 마을

낙동강 따라 남으로 흘러도 가고
복사꽃 피워 그 속에 숨기도 하며
완행열차 편으로
북으로도 떠나는 마을

붉은 해가 풍덩 강물에 빠지면
제자리 찾아 들어
나지막한 굴뚝으로
저녁 연기 하얗게 올리는 마을

강과 꽃을 엮어 전설을 쓰며
그 이야기 속에 함께 퍼질러
한세상 어우러지고 싶은 그 사람

만발한 복사꽃 구름 위에서
살풋 날아 안길 듯도 한
그 마을

달문

어느 날 그 집 담이 높아지고
어깨동무하던 감나무도
훌쩍 키가 높아 아득한 하늘입니다
감나무 밑 수없이 찍힌
내 이기利己의 발자국
이제는 맑은 눈물로
정하게 씻어야겠습니다

멀리서 뒷모습 바라보다가
돌아서는 사랑도 행복이라는데
달문이 달을 풀어주듯
추억마저 다 놓아주어야 한다는데

하지만 오늘만은 이 문 안에
서러운 달 하나 고이 가두고
분초가 영원인 듯 걸어
저 서천까지만 함께 가고 싶습니다

곡비

못 먹는 술 몇 잔 혼술로 마시고
낯빛도 손바닥도 발갛게 꽃물 들었다
웬 설움에 마른 눈시울이 쓰려
품에서 잠든 하모니카를 깨워
곡비처럼 울렸다

하모니카는 영문도 모르고 눈물을 쏟아
황성옛터를 두어 바퀴 출렁이며 돌고
목포항의 선창에까지 흘러와
목 놓듯 옥타브를 끌어올린다

이슬조차 내리지 않는 세월의 높은 봉우리
가는 바람에도 뼈가 바스락거리는데
오늘밤은 어느 사막에 홍수가 났는지
내 안의 모래언덕에도 비가 내린다
하얗게 말라가던 내 인생이
곡비처럼 젖는다

이혜화

2001년 월간 《시문학》 등단
시집 『열렬한 그대』
E-mail : vandy58@hanmail.net

여아등무이如我等無異*

세상에 정답은 없어 저 이는 맞다 하고 그대는 틀리다 한다.

옳다거나 그르다고 단정하지 못함. 정수리서 보면 둥글어도 옆구리서 보면 세모일 수도. 만물은 그렇기도 하고 아니기도 함.

복잡하고 다양하여라. 세밀하고 미묘하니 손끝 터치만으로 알아채기 힘듬. 세상 일은 다름이지 틀림이 아닐 수도 있고 어찌 내 것은 귀하고 네 것은 하찮다니 눈맑은 사람이 묻습니다.

여아등무이如我等無異는 무엇인가. 위는 아래와 같고 갑은 을과 같아 같음이고 평등이고 고르다 함이니 하늘 아래 모두가 존귀함이라. 법을 담았으니 법기이고 일곱가지 보물을 지녔으니 이 몸은 칠보의 보탑이라, 천하고 귀함이 없고 높고 낮음이 없어 누구나 가벼이 보지 않음이라.

* 여아등무이(如我等無異) : 인격(人格)의 평등(平等)을 깊게 밝힌 글. 일체 중생을 부처와 동등한 경지로 본다는 뜻. 법화경 방편품 제2에 나온다.

오! 나의 그린비*

사랑하는 싱클레어!
사는 맛이 재미없고 밍밍하면 불러본다
생애 선물로 와서 내가 다알리아처럼
예쁠 때 데미안과 베아트리체와 나랑 친했다

젊은 벨텔은 롯데에게 어쩔 수 없이 뺏기고
햇살도 톡톡 건드려 보는 풋내기 나이 때는
〈도망자〉에 나오는 –데이비드 젠슨–
그 선한 눈매의 외국 아저씨가 너무 좋았다
끝없는 피난으로 함께 외롭고 따뜻했는데

숱하게 근사하던 남자배우들
멋진 그대의 님이 되어
넘나들던 신분에 빠져 행복했으니
나의 그린비는 세상 도처에 있고

세상 어디에도 없지만
이를 수 없는 하늘 너머
그리움의 갈퀴로 헤엄쳐 가면
언제나 만날 수 있는
나의 그린비!

* 그린비 : 그리운 님, 그리운 남자의 우리말

씨앗의 우주

오월 끝날, 묵정밭 언저리 해바라기 씨앗 묻었다. 한 톨 씨앗에서 차고 나온 꽃대는 등판 실한 머슴 종아리 만큼 무섭게 크다 백일 간 해따라 돌더니 일식집 쟁반만한 얼굴 알알이 씨앗 옹골져, 제 풀에 꺾이어 한 알이 구백 칠십 두 알이 되다니 아! 땅심, 해를 바라더니 한 톨 해바라기를 키운 대지와 태양의 힘, 무섭다

당신의 사남매에 딸린 식솔이 열 여섯이라 어머니 기도 시간은 하루가 짧아서 삐뚜루 쓴 기도문 구구절절, 무탈하고 좋은 곳만 디디거라 자식들 앞앞이 무릎꺾어 합장하시니 누구나 그 힘으로 사노라 대지와 태양 같은 힘 한 알 썩어 수백 배 되고 한 사람 스러져 울울창창 번창하는 사람숲 되다.

옹골진 씨앗처럼 여물게 키우신 위대한 힘.

ON!

– 바람의 말

바람이 나뭇잎을 안으니
파도 소리가 난다
진군하는 병정들의 함성도 닮아
바람아 물리쳐 다오 내 안의 약한 자
모든 걸 그만 짓누르고
저 덤불을 걷고 숲길을 헤치고 가리라
길 없는 길 가면
그 쪽에 길이 나고 바람처럼 자유로울 수 있지
병정처럼 위풍당당히 나아가리라

석류꽃이 지고 있다
초록 초록 푸르던 나이는 가도
다시 새잎 돋고 저 바람은
산맥을 타고 와 품을 비키어 가고

모두 받아들인 굳건한 심장,
저 바다를 건너며
오늘은 고기압의 가장자리
먼 바다 물결 낮다고 친절히
일러 주고 갈 것이다

ON!

– 생업(生業)

우리들의 포도청은 멀고도 험해
모든 길은 그곳으로 통한다
돌진하는 기세로 달려가야 하고
하루 펼치는 좌판도
쇼윈도도 빠른 음악 따라
팔려 나가는 물건도 생업의 품목이다

生은 날이 밝으면
골목을 돌아 모퉁이
몸으로 막는 바람이고
익지 않아 익혀야 먹는 풋 것이고
살아 퍼득이는 생물이다

살아서 만나는 반가운 일터
너와 나의 목숨줄
당기시오 미시오
서로가 창과 방패를 들고 뛰어들고
녹색등 화살표 명령에 치닫는 바퀴들

모든 스위치에 전원이 들어온다
오늘이 열린다
ON!

이효애

2012년 월간 《시문학》 등단
시집 『그 틈, 읽기』 외 2권
E-mail : Eagle4716@hanmail.net

우주를 받아 쓰다 · 1

– 별이 된 머위 순

비온 뒤 땅 속
별자리를 이동하는 움직임이 수상쩍다

밭이랑 아래는 지금
한 뼘의 하품이 두 뼘 넓이로 분주하다
지난여름 노지에서 짓밟힌 서너 뿌리 머위 옮겨놓고
석 삼년 기다려야 겨우 쌈밥이나 먹으려나 했던
머위 순의 새김무늬 재바른 걸음으로 치솟는다
땅속은 한창
북두칠성 지나 남동쪽을 따라
비의 행간 뚫고 솟아오르는데
별무리를 향한 이랑은 푸른 양산이 펴지기도 전에
이내 술래한테 들켜버린다

이른 봄부터 기약 없이 잘려야 하는 머윗잎
보드랍게 그을려야 입안에 양기 싹튼다고
내 입맛을 지배하는 별! 봄을 삼키며 말한다

우주를 받아 쓰다 · 2

– 자색고추의 항변

까맣게 잊고 있던 자색고추 몇 포기
고추밭 안쪽에서
전신에 검은 사마귀를 달고 의젓하다
속병 들었다고 호들갑떨던 어둔 내 눈
반지르르한 흑진주로 구부러진다

알록달록한 식재료가 몸에 좋다고
마트에서 찜했던 고급져 보이는 자색고추
텃밭에 사마귀로 와 날 놀린다
동양 사람은 붉은 고추 먹어야 한다는 관념 허문
본적도 모르는 가지? 고추?
흙 있는 데 풀 나고 물 있는 데 싹 난다고
지구 어느 귀퉁이에서 배양받아 왔다는 자색고추
내 얇은 귓속에 나팔 꽂고 하! 생전 무병장수 하란다

내 몸에 죽은 세포 떼듯 조심스레 제일 큰 놈을 따
엉덩이에 쓱쓱 문질러 먹는다
단번에 고추도 먹고 가지도 먹는다

통통한 씨앗이 만삭인 우주로 가득 찬,
이제부터 우리 집 김치는 검겠다

우주를 받아 쓰다 · 3

– 처방전

유월 아가미로 치솟는 방울 토마토
어디까지 가는 걸까
바바리 원숭이처럼 아무 곳이나
발 닿는 데로 옮겨다니는 걸까
서 있는 그 영역 더 이상 벗어나지 말라고
시간의 위치가 밧줄 단단히 묶는다

별의 스위치 올린다
기다렸다는 듯
알알이 맺힌 알전구 바닥에서부터 차츰
일렬종대 불 밝힌다
내 속마음 알아차리기라도 한 듯
역병 가로막고
화려한 열병식 거행한다

나의 태양이 들뜬다

"올여름 화끈한 이미지를 남기려면 근거가 있어야 해
육칠월이 가기 전에 명약을 써
내 주변의 말꾼들 다 불러
붉은 샹들리에 불빛 오래도록 거닐게 할 거야"

몇 해 동안 이루지 못한 꿈 늦도록 이루려면
내키지 않지만 독한 처방 내려야 한다고
푸른 물집으로 돋아나는 새끼 알전구에게
눈 먼 화살 당긴다

때죽나무 아래서 세상을 보다

푸른 등 널브러진 오월로 접어들면
산과 들 모두 싱그러운 불빛으로 촉촉해진다
하늘 외벽을 타고
아카시아 꽃향기로 피어오르는 구름
산모롱이 앞질러
넝쿨나무 사이에 걸린 시야의 끈 잡아 당긴다
하루의 절반이 푸르름으로 번져가는 산길
어제 내린 비에 더없이 파란 잎새의 윤기
스무살 처녀의 해맑은 피부로 다가와
푸른 꽃으로 피었다가 퇴색한
의아한 목록 들추는 이름들
아름아름 새기며 가는데
헛디뎌서 굴러 떨어진 너럭바위 아래
내 동공 헤치고 나온
샹들리에 꽃등으로 오는 무명저고리 같은 때죽나무 꽃
제 등을 굽혀 바닥 세상 밝힌다
바닥은 수평 관계를 유지하는 지주목이라며
키가 낮아 오르지 못한 꽃들에게
흰 깃을 내밀며 바람의 말 전한다
살아온 여지껏
누구를 위해 등불이 되어준 적 없어
수은등이 된 샹들리에 아래 바닥으로 누워
꽃의 본문을 들여다본다

산수유 꽃

– 봉화 띠띠미 마을

골짜기의 볕이 꽃등으로 내리는 두동리 작은 산골
산수유 나무의 노오란 조밥
허기를 불러 모은다

암막을 친 시심 제치고
고봉으로 올린 조밥 정신없이 먹는다
물수제비 아른히 퍼져가는 환상의 나르시즘
뭉게구름 되어 피어 오른다

수북수북 여문 조밥은 한철 수확
고택 지붕 휘돌아 아낌없이 나눠준다
노오란 소문 화사하게 번지는 봄볕 아래 언제부턴지
시를 읊는 이들의 낭창한 울림
산수유 빠알간 열매로 익어가는,

있는 듯 없는 듯한 인기척 통째로 내어준 뒷 골짜기
흐르고 흐른 세월이 명사가 되어 띠띠미가 된,

멀티 카메라에 조밥 가득 담아 누구한테 주려는지
동네 한 바퀴 돌고 도는 예사롭지 않은 사진 작가
한철 밥그릇에 평생을 담는다

장동범

1999년 월간 《시문학》 등단
시집 『심심』 외
E-mail : suchonjdb@naver.com

나

산모롱이 돌다
슬그머니 놓아 보냈다
주위에 아무도 없었기에

그런데 산길 다 벗어나도록
누군가
줄곧 지켜보고 있었다

알람

한 노승 말년에
홀로 산골 오두막에 기거할 때
가끔 새벽 일어날 시간 지나면
누군가 "스님"하고 깨운다 했다

그 스님 생전에
예의 잠결 속 목소리
내 안의 또 다른 나이거나
'도량신' 일 거라 했다

혹
그 잠결 속 목소리
스스로 울리는 자명고처럼
마음속 알람 아닐까

막무가내

꽃 피어나는
어찌 할 수 없는 일과
사람 죽는 일

마찬가지
꽃 지는 일과
도저히 어찌 할 수 없는
사람 태어나는 일

무궁화

꽃 피기 전에도
무궁화
꽃 피우고도
무궁화
꽃 진 뒤에도
무궁화

나라꽃 무궁화는
꽃[花] 질 줄 모르고
무궁하게 피네

개밥바라기별

누가 지었을까
서쪽 하늘에 처연하게 떠 있는
초식동물 눈망울 닮은 별

가난한 시절
식구들 옹기종기 마루에 앉아
두레밥상에서 말없이 저녁 먹을 때
댓돌 아래 턱 괴고 밥 기다리던
누렁이와,
우물가 박태기나무 아래
찌그러진 개밥그릇

정 성 환

2017년 월간 《시문학》 등단
국제신문 '국제시단' 활동
E-mail : richboy79@daum.net

무인도

지긋지긋하게 외롭다 해도 저만 할까
사는 이유가 견디는 것이라면
나는 이미 당신의 섬,
파도를 불러 검은 연필심처럼
매일 몸을 가지런히 깎아서
그대는 잘 있는가, 심해어로
안부편지를 쓰다가 느닷없이 떨어지는
발끝 모래알 눈물을
언제나 아닌 척 닦고 기다린다 해도
난생의 꿈 찾아 돌아가는 연어 떼조차
속절없이 스쳐가겠지
내 그리움 사라지는 시대는 올까
육지를 향해 몸 뒤집으니 해가 진다

산만디* 사람들

오지마라 서러운 슬픔아, 산끝 별이 되어 눈멀게 하리니
제 힘으로 사는 사람들 더는 밀어내지 마라
억울해서 답답해서 하늘 가까이 사는 것이라
부서져도 스러지지 않는 파도 같은 아버지들이다
저녁 어스름 마냥 어벌쩡 언덕바지까지 슬슬 기어올라
산만디 사람들의,
푸른 꿈 잠시 빼앗아 어둠에 가두더라도
단단한 희망 붙잡아 더디 오게 하더라도
구만리 앞날 두려움으로 머뭇거리게 하더라도
차곡차곡 살아가는 사람들 너는 이길 수 없다
새벽빛은 산만디부터 살아 생생 내려간다

* 산 꼭대기, 산고개를 일컫는 경상도 사투리

테트라포드의 사랑

파도 소리 높으니 오늘은 그가 올지 모른다
그는 수평선이었다
부서지지 않아 늘 단단했다
영혼은 깨지고 부서졌다 다시 온전해지는 것
그래서 사랑도 무겁다가 사소하고 가볍게
한순간 당신에게 무너지는 것
만나서 부서지지 않고 어찌 서로 알아볼 수 있을까
데굴데굴 굴러와 파도가 나에게 터진다
오늘은 처음 사랑하는 날

사랑의 공식

하고많은 솔방울 중 그대는
많고 많은 너덜 바위 중 나를 찾아
이리도 가파른 돌 틈새로 날아왔을까
그대 품는 나는 새벽 그믐달처럼 기울어진 몸이라
선뜻 오고 싶지 않았을 성 싶은데도
나에게 와준 최초의 나무
당신은 당신대로 거기에서, 나는 나대로 여기서
먼데 돌아오는 새들의 하늘 헤치는 소리 빌어
서로를 한없이 찾아 불렀나보다
당신을 기다리던 빈 하늘이 너무도 많아서
돌이 되어버린 내 그리움이 울컥 피었나보다
그리 내 빈틈 메워져 그대와 나 사이 거리가 없다

눈물꽃

별이 반짝입니다
그런데 자세히 보면 반짝이는 눈물입니다
이 땅에 남기고 간 사람들 위해
피다가 지다가 흔들리며
밤마다 추억처럼 돋아나는 눈물꽃입니다
뜨겁게 뿌려지는 눈물이 아니고서야
어찌 저리 먼데서 빛날 수 있겠습니까
뜨겁게 사랑하다 울어본 사람은 압니다
그 사람 위해서라면 하얗게 불태울 수 있다는 것을
정작 아침이 되면 말 한마디 못하고
돌아서 후드득 떨어지는 눈물꽃이지만
더 밝게 살아가라고
당신 밤길을 반짝반짝 닦아줍니다

조 민 자

1994년 월간 《시문학》 등단
시집 『잎새와 뿌리는 서로 그리워하고』 외 2권

질경이

산에서 길을 잃어도
질경이가 자라는 길 따라오면
마을에 이른다는 속설이 있다
사람들 발에 짓밟히고
자동차 바퀴에
온몸 으스러지면서도
질경이는 왜 찻길까지 나오는 것일까
상처를 싸매면서 마을 향해
울면서 누구를 만나려고
그 먼 길 오는 것일까
아기의 손등 같은
연초록의 잎새 품고 있는
질경이 효능에 나는 관심 없었고
한 번도 눈여겨 야생풀들을
바라 본적 없었다
미안하다 미안하다
건강 나빠져
시골집에 살면서
비로소 인생길 굽이굽이 휘돌아
고향에 돌아온 옛 친구 같은 질경이
가슴 아픈 이름 가만히 불러 본다

굴전

바다에서 막 건져올린
싱싱한 굴이 택배로 왔습니다
통영 손아래 올케가 보내준 선물입니다
갈아놓은 무즙 속에 풍덩 뛰어든 굴들이
온몸 구석구석 배어 있는
바다의 추억들 떨구어 냅니다
연한 소금물로 다시 헹궈 주면
지난 기억들 물기 빠지듯 빠져나갑니다
밀가루 분단장하고
계란 푼 물에 잘게 썬 깻잎과
부추, 홍고추로 맵시 내고
기름 두른 뜨거운 팬에
소신공양하듯 온몸 던집니다
노릇노릇 살신성인의 도道
먼 곳에 있지 않습니다
정갈하게 구운 굴전 한 접시 우리집 식탁에 오릅니다
바깥날씨 쌀쌀한 겨울 저녁 데우는
올케의 따뜻한 마음입니다

순천만

순천만에 와서
바람에 몸 맡기고 있는
갈대들 이야기 듣는다
화포해변 맞은편에 서서
바다를 빠알갛게 태우며
떨어지는 태양을 바라보면
아! 숨이 터억 막힐 것 같다
갈대는 격정에 겨워
서로 몸 부딪치고
한여름밤 갑자기 쏟아지는
소낙비 소리 내는데
황토 빛깔 갈대가
끝없이 펼쳐진 순천만에 오면
마음 닫고 살았던 그 사람 하고도 손잡고 싶어진다
눈길 닿는 곳마다
펼쳐지는 갈대들의 춤사위
솔개 몇 마리 얼레에 감기는 연처럼
부드럽게 바람 타고 오르고
흑두루미 떼 지어 날아가는
하늘이 내린 순한 땅 순천만

배신의 연결고리, 말

집안일 마치고 식탁에 앉는다
차 한 잔의 온기로 가득찬 주방
피로가 싸악 가시는데

쩡쩡
느닷없이 울리는 골목 여자들의
쇠스랑 긁듯 찢어지는 고함소리

앞집 아주머니 옆집 새댁에게
퍼부어 대는 삿대질

친할 때 주고 받은 말로
뒷통수친다며 온 동네 거름 악취
풍기듯 악담 퍼붓는다

비싼 밥 먹고 누가 남의 말 하랬냐고
빳빳하게 고개 쳐드는 옆집 새댁

비오는 날이면 부침개도 돌리고
커피도 마시던 모녀 같던 두 사람
오늘 아침 원수가 되는구나

말 옮기는 사람도 나쁘지만
가슴에 비수 꽂는 말하는 사람들이
큰소리치는 세상이 참 요지경

맑은 적요 흔들어 버린
이웃들의 앙칼진 삿대질

하나님께서
입을 주신 이유
다시 생각한다

불꽃놀이 · 3

폭죽은 높이높이 솟아올라
허공의 자궁 깊숙이 파고들어
찬란하게 터진다
세상의 고운 빛깔 모두 모여와
처절하도록 화려하게 터지는 우주적 전율
비명처럼 터지는 빛의 절정
오한과 떨림과 소리의 장엄한
불꽃들의 축제
신의 오르가즘인가!

조 영 희

1993년 월간 《시문학》 등단

시집 『가덕도 대구 잡으러 간다』 외 8권

E-mail : chpjo@korea.kr

가락들녘의 폭우

폭풍의 주재자여 부디
저 주저리주저리 감 매단
감나무 가지 찢지 마시라

천근만근 비구름 속에 감춰 둔
불칼 꺼내들고
천둥 번개 치거나
강둑의 젖은 치마폭 찢지 마시라

줄기찬 소나기에 밤하늘 무너지고
문전옥답 가락의 들판 무논에
도롱이 둘러쓰고 기억의 물꼬 트러 간
그 사람들 위해
아니 온 듯 지나가시라

낙동강 천삼백리

– 천리향

연어처럼 기억 더듬어 오르는
우리는 길을 잃었다
어느 날부턴가 자유를 잃고
강물의 목소리와 향기 잊어버렸다
사람아, 강의 서쪽에서
대합백합 재첩 캐던 사람아
내 휘파람소리 아직도 기억하느냐
가슴 벅찬 그리움 안고
아지랑이 휘감는 강물의 은비늘,
눈부신 은마를 몰아
천리 길 달려온 가야의 숨결

대항에서

백로가 가덕 8경가 부르는 대항포구
내동섬 순풍에 돛배 한 척 들어오지 않아도
만선을 기억하는 눈시울 푸른 새는
노송가지에 깃을 접었다

산중턱 소나무그늘에 퍼질러앉은
전통 숭어들이 어로장인 망잽이는 아직도 망을 보고
진달래꽃에 눈먼 숭어들
사랑에 눈 먼 숭어들
떼로 몰려들던 곳

그 사람들 살다 떠난 빈 집
서까래 서너 개만 남은 추녀 아래
문설주 위 낡은 액자 속에는
한 세월 후리그물 당기던 모습
의치처럼 걸려있다

막배 놓친 아동섬 바라보며
발이 저리는데
가덕도에 정박 중인 나는
방파제 뛰어넘는 삼각파도 끝에 걸린
하얀 나룻배,
초승달을 보고 있다

명지선창 회 타운에서

갓 수확한 물김은 대형 마대에 담겨지고
그 옛날 모래 굴에서 온 갈미조개는
어업복지회관 지나 명호교 건너
사람보다 먼저 와 식탁 위에 앉아
선도 증명하는데
갈미조개가 제철인 명지 선창 회타운,
맛의 승부는 원산지가 제일
미역귀처럼 풋풋한
횟집들 어깨 맞대고
집집마다 진설한 바다 출렁이는데
내 눈에는 바다 아닌
인심이 출렁이는 풍경이라
자투리 남은 짬에
마음의 노전좌판 하나 놓아본다

수변 공원에서

강변사람들 생은 언제나
되돌아오는 것이어서
기쁨과 슬픔 구별하지 않고
그냥 떠내려 보낸다

흩어진 음운들 석류알로 박히는
아이들 웃음소리와 순수 언어로
푸르게 소리치는 바다의 말 구별하지 않는다

바람은 시소를 흔들며
제 무게 달아보고
미끄럼틀 오르내리는 개미들
빈 그넷줄은 11시 가리키고
노인들 느린 웃음소리
철봉에 턱걸이로 걸렸다

아이들 놀다간 놀이터에는
버리고 간 발자국들끼리 소곤거리는데
한밤 개구리 소리도 한 몫 거들었다

최지인

2006년 월간 《시문학》 등단

시집 『오래된 약속』

E-mail : sangyeo65@hanmail.net

문설주

바람이
구름이
햇살이
무시로 시간을 새기고

여러 가지 색깔의 눈물이
누대의 걸음을 기억하는 곳

어둠이 잠든 밤에도
눈꺼풀을 밀어 올리며
하이얗게 바랜 기다림을
걸어두고 있는 당신의
주름진
이
  마

로마를 읽다 · 1

– 트레비 분수

당신의 말처럼 영화의 주인공이 되어 사랑과 이별을 복습하려고 해요

기대가 너무 컸던 걸까요 각국에서 몰려온 소란에 트레비 분수는 몸살을 앓고 전 세계의 동전은 분수에 가 닿기도 전에 소원을 잃어버리고 마네요 끊임없이 셔터가 터지고 옥빛 같은 분수의 물은 금방이라도 자글자글 끓어오를듯 해요 두 마리의 해마가 끄는 조개를 타고 휘날리듯 로마 시가지를 누비고 싶은 바다의 신 오케아노스*는 지금 몹시 목이 타는 듯 해요 암석을 타고 흘러내린 물은 이미 너무 많은 소원으로 탁해질 대로 오염되었으니까요 로마에 시원한 생명을 불어 넣으며 여유롭던 그의 생애가 점점 고뇌에 찬 눈빛으로 변해가고 있네요 골목마다 거리마다 넘치는 중국 한국 관광객 목소리는 늘 몇 옥타브 높아서 소매치기조심 가방조심을 외치는 가이드들은 덩달아 목이 쉬네요

눈살을 찌푸리면서도 이젠 밤이나 낮이나 가게문을 여는 유럽인들은 자존심을 더 꼿꼿이 세우고 나른한 여름 해를 길게 늘이고 있네요 줄서기에 지쳐 짜증이 날 무렵 그나마 비좁은 골목 한 귀퉁이 여행의 낭만을 연주하는 버스킹 선율이 당신이 보낸 기별인 듯 마냥 반갑네요

이제 '자유라는 첨가물'이 잔뜩 들어간 앤 공주의 젤라또를 위하여 스페인광장 계단을 올라야겠어요 미리 온 석양이 슬쩍 제 옆구리를 찌르네요 먼저 가서 꽃등을 켜고 기다리고 있겠다고

* 오케아노스(Oceanos) : 고대 그리스와 로마에서 대지를 둘러싼 거대한 강을 말하며 이를 의인화한 신의 이름으로 타이탄족의 일원인 바다의 신을 말하기도 한다. 현대 영어를 비롯한 많은 언어에서 바다를 뜻하는 단어의 어원이 된 이름이다(영어: Ocean)

로마를 읽다 · 2

– 콜로세움

5만여 빽빽한 군중의 함성 속에
바람도 햇살도
구릿빛으로 번들거렸다
먼지에 버무려진 피비린내
혈투를 위한 검투사의 존재는
오로지 원형의 틀 안에서
빛나거나 스러질 뿐이다
가쁜 숨을 토하며
마지막 그가 바라본 하늘은
지금처럼 파랗고 구름 몇 점 여유로웠을까
살아서 견고한 빗장이었던
80여개 아치문은
오로지 즐기는 자들의 몫이어서
중세 르네상스 시대의 번영을 위해
몸통이 뜯겨져 나가고
낙뢰와 지진을 거친 후에도
그의 영혼을 움켜쥐고
수많은 발길을 불러들이고 있다
가는 곳마다
모든 로마의 길은 열려있는데
아직도 울부짖는 그의
붉은 피가 손끝에 끈적거려
나는 그의 길을 찾아 걷고 또 걸었다

다시 길을 묻다

흔들리는 차창 밖으로
솨르르- 마른 억새가 달려든다
헝클어진 가르마 사이로
작은 새 서너 마리
안부처럼 스쳐가고
회색 스레트지붕 농가 뒤 감나무엔
거두지 못한 가을 이야기가
거친 손을 흔든다

촌부를 기다리던
마지막 정류장의 낡은 유모차,
까만 봉다리에 나누어 담은
시장을 밀고 떠나고

우두커니 선
길의 끝에서
다시 길을 묻는다

들겨울달*

버석이며
마른 몸 더 오그립니다

이젠 나신을
드러내야 할 것 같습니다
–부끄러움은 잠시일테지요

외로움과 친숙해지기 위해
발밑을 더 사랑하기로 합니다

누군가 지나다 말고
자신의 나이를 매만질 때
조심히 내려가라
위로의 말 건넬 수 있어
참 다행입니다

* 들겨울달 : 드물게 사용되는 11월의 딴 이름

탁 영 완

1986년 월간 《시문학》 추천완료 등단
시선집 『녹색광선』 외 10권 출간
E-mail : tak2158@hanmail.net

해가 저문다

오후 햇살이 긴 팔로 함께 낮잠 자려드는 침실
유리문 블라인드를 걷으면 착한 계절의 노후가 한가롭고
흔들림 없는 시간이 실내악으로 흐르거나 순한 바람과 논다

따스한 얼바인 겨울 정원
미적 철학을 있는 그대로 펼치는 갈대 두어 무더기,
뿌리는 땅에 깊이 박고 하늘에 머리만 두고 흔들린다
그 뒤로 단풍들지 않는 흰 둥치 키 큰 나무들이
더러 구름을 가렸다 보였다 한다
초록은 펼치면 무념의 휴식 잔디밭이 되고
곡선의 부채살로 궁글리면 아열대 치맛자락 야자수가 된다

서녘으로 수수한 노을 하늘을 물들이고
떠나온 마음 반가부좌하면 이윽고 해가 저문다
2016년 타국에서 보는 마지막장 카렌다이듯

비의 내력

이슬 맺힌 창에 '비'라고 쓰면
어김없이 자국을 타고 흘러 내린다
비라는 음절은 기억의 촉수를 손가락 끝으로 뻗어 와
처음엔 자신을 토닥이다가 메마른 나무 등피를 타고 스민다
이대로 시들지 말라고 적시며 때리며 흐른다

목마른 화지천에 당도한 비
불어버린 강 건너지 못한 비
강물로 범람하여 인연의 일엽편주 띄우는 비
세월을 감겨 흠뻑 머리 젖는 비

다시 또 비는 폭우가 되어 밖에 서서 온종일 젖는다
낯설고 차가운 감각을 쓸어내리는 비
차츰 익숙해진 느낌을 그리워하는 비
젖고 마르고 다시 젖어
누군가 고독의 깊은 뿌리까지 닿아
메마른 누선을 줄줄 타고 싶은 비
네 끝 모를 시선 허공의 손을 놓치고
낭떠러지로 굴러 내리는 비
강물에 형상을 지운 초상 허무의 눈썹을 닮아버린 비
너를 머금고 구름의 징검다리로 하늘을 다녀온 비
세상 헤매고 다닌 맨발의 흔적조차 깡그리 지운 다음날 아침
원초의 햇살 짠하고 갈아입은 그 눈부신 생

상추

금정산 언저리 텃밭 갈아 빗길에 푸성귀 가져다주는 시인
산자락서 도심 가운데로 무공해 한 움큼 디밀고 간다
오늘 저녁은 상추쌈 먹겠네 푸릇이 살아나는 생기가 팔팔하다
생멸치 사와서 부실한 골다공 허벅지를 돋운다

그것이 있어 이것이 생기는 사람살이가 입 가득 미어진다
상추 몇 닢, 불면으로 돌아가는 지구 한입 쌈 싸 먹고
단숨에 나를 재운다
제 스스로 땅을 베어 물고 뜯긴 잎 속대를 피워 올리듯
약초 같은 힘으로 초록 펜대 세워 시를 쓰는 날

귀가. 철야 당번

하나 아들 빼고 딸이 다섯이라 그래도 다행
미국서 온 막내딸 예순, 그래도 젤 젊어 나흘은 밤낮으로 간병하고
칠십 넷, 남해 사는 큰언니는 매주 닷새 집 떠나 보조 간병하고
둘째 셋째 넷째 딸, 나머지 하루하루 철야당번 하기로
답사한 요양병원 돌아 나오며 그래야 자식노릇 하는 거지
척추 다쳐 중환자실서 한 달 통증에 헛소리 재우는 신경안정제 떼고 소변 줄은 달고
차마 요양병원으로야 보낼 수 없다고 유월 장마 폭우는 숨도 안 쉬고 퍼부었다
구급차로 다시 집으로 오시는 날 먼지 한 톨 없이 대청소를 하고 환자침대도 넣어
돌아오시지 못할 것 같았던 어머니의 설레는 귀가
"집에 돌아오시니 편안하니 좋지요" 달력을 보며 "한 달 만에 집에 돌아오셨네
자개장농도 있고 아버지 사진도 있고 엄마 구순잔치 가족사진도 있네."
빙그레 웃으시며 "기가라 쓰라. 연필 가져와 마 한글로 써라 ."
'무슨 말, 기가(GB)?'
아, 벽 달력 오늘 날짜에 어머니 다시 집으로 돌아오신 날,

'귀가' 라고 크게 적어 드렸다

유월 초이틀 '응급실' 이라 적어둔 글자, 철야당번을 일깨우며 불 켜져 있다.

후진

초기엔 만만한 막내나 넷째 딸만 찾아 수발 원하더니
중기엔 가까이 보던 둘째 셋째 딸 이름만 부른다
차츰 기억도 후진,
첫째 이름, 그것도 개명 전 이름 '신자'를 찾는다
더 이상 후진할 이승의 골목이 없어
이제는 저 세상 떠난 당신 동생이름을 부른다

오늘은 귀한 손님이듯 아들 온다고
화장도 하고 옷도 이쁘게 갈아입겠다고
젊은 시절 아버지를 떠올리는지 볼그레 뺨도 곱다

촘촘히 잘 메모된 젊은 시절은 몸에 깊숙이 배여
고맙습니다 감사합니다 깍듯한 예의
이미 자식도 가족 인연 이전으로 돌아가 세상이웃
아주머니 아저씨로 저만치 멀어져 보이는지

간병 석달 째, 자식들은 어머니로부터 또 얼마나
멀리 뒷걸음치고 있는지

한경동

1995년 월간 《시문학》 등단
시집 『과일의 꿈』 외 4권
E-mail : hankd6521@hanmail.net

물소리에게 듣다

날마다 걷는 온천천 물가에서
낯모르는 사람이 경이의 눈빛으로 가리키는
상류로 거슬러 오르는 물고기를 보았다
생명이 살아있구나 비슷한 공감으로
말없이 감탄사와 물음표를 던졌지만
물은 그냥 제 갈 길만 담담하게 흘러갔다
이럴 때의 단순명언은 무엇일까
언제나 낮은 곳으로 흐른다는 말로써는
물의 깊이를 가늠할 수 없고
저렇게 바닥이 보이는 물도 심연이다
한두 뼘 깊이에서 생명이 숨 쉬는 이치를
내 얕은 그릇으로 다 담을 수는 없다
물고기가 거슬러 오르는 물길에서
최소한 살아있으면 떠내려가지는 않는다고
때로는 순응하고 때로는 거역하면서
하루하루 생존의 지느러미를 멈추지 말자
사람 사는 일이 제발 저 물과 같이
더러 거스르는 일도 눈감아주기를 바라면서
아니 이건 과욕이야 자책하며 다시 걷는
내 흐린 피도 간혹 천천히 흐르는 오후 세 시
때늦은 생각 일깨우던 물소리만
더딘 발걸음을 앞지르며 달려간다

사랑은 고통의 공회전이다

당신은 아는가 고통이 어디에서 오는가를
꽁꽁 언 길바닥에서 자동차가 헛바퀴를 돌 때
가까스로 나은 줄 알았던 감기고뿔이 도질 때

고통은 초대하지 않아도 오고 멀리하고 싶어도
평생을 망친 여자의 혓바닥에서 흘러나와
살아있는 동안 쓰디쓴 침샘에 고인다
설령 그것이 그리움이나 기쁨의 산물이라 해도
그 즐거움 위에 죽음보다 더 지독한 후회가
쉬지 않고 기다리고 있는 것을
뻔히 보이는 눈앞에서 사랑은 헛바퀴를 돈다

이건 낭패가 아니라 실수라고 자위하더라도
사랑은 결국 평생 헛고생만 하고 남는 것은 없다
그런데도 사람들은 미련하게
평생에 오직 한 번 뿐인 만남을 기다린다
그것이 지순한 사랑이라 해도 너무 뼈아프다

사람들은 결국
사랑, 그 쓸쓸함에 대하여*를 되풀이하면서
너나없이 뻔히 보이는 대낮에도
쳇바퀴를 돌리게 된다 말하자면

사랑은 행복으로 가는 길목이 아니라
그것이 고통인 줄 모르고 수없이
공회전만 되풀이하는 수레바퀴의 뒤축이다

* 가수 양희은이 부른 노래

기울어짐에 대하여

느닷없는 폭우에 쓰러진 풀꽃과 나무들 보며
부실한 몸 내 발로 다시 일어서기 위해
늦더위 아랑곳없이 온천천 갓길 걷는다
이 길로 줄곧 가면 바다에 닿으리라
한 가지 생각만으로는 자칫 발 헛디디는 오후
하필 청천벽력 같은 2014년 4월이 겹쳐지고
아직 수중고혼으로 남아있는 이들 몇몇은
캄캄한 하늘을 쥐어뜯으며 몸부림치고 있으리라
기울어지는 것과 이미 기울어진 것 사이에서
중심각이 흔들리는 그 모든 것들에 대하여
아무리 단죄해도 모자람이 없는 줄 알지만
죽어도 기울어지면 안 되는 그 무엇 때문에
또 다른 사람들 깊은 시름으로 잠을 설친다
위선과 탐욕으로 일그러진 우리들의 초상
묵은 논배미 같은 아버지의 길을 따라가며
이제 갓 걸음마 배우는 돌배기 손자의 자유와
미처 손쓸 틈 없이 스러진 목숨에 한숨 깊어진다
그렇다고 누가 이 울먹이는 산하를 다독일 것이냐
비애의 어깨를 짚으며 먹구름이 지나가는 동안
산은 그 어느 쪽으로도 기울어지지 않고 기다린다
슬픔은 결코 슬픔으로 다독일 수 없음에
작은 냇물은 냇물대로 제 길 따라 흘러가고
강물은 더 깊숙이 몸을 숙이며 말을 아낀다
지금은 기울어질 대로 기울어진 생각들을 바로잡으며

모두가 한마음으로 간절히 기도할 때
지금은 치유가 더 간절한 시간임을 잊지 말자

순영이네 맛집

동래온천장 뒷골목 허름한 한옥 셋집에서
이십 년 넘게 보신탕집 하던 순영이네
제 집에서 제 장사하겠다는 집주인에 밀려
딴 집 빌려 〈원조할매 영양탕〉 간판 달고는
한 동안 단골손님 덕에 시름 덜었다
영양탕 대신 삼계탕 전문인 나만 빼놓고
다들 며칠 굶은 듯 게걸스럽던 여름 한낮
앉자마자 거시기부터 찾는 생뚱맞은 친구와
거시기라면 다 통하는 전라도 사투리처럼
가장 원초적인 화제로 한바탕 배꼽 잡았다
하필 조례시간에 운동장에서 흘레붙다니
교장선생님 훈화 듣다말고 난리가 났던
그리워라, 먼먼 시골학교 낡은 풍경 속에서
이제는 개 팔자 상팔자라고 지나가듯 말하더니
어쩌다 여름 내내 파리 날리고는 간판 고쳐달았다
〈원조할매 오리고기집〉
도무지 시큰둥한 상호 때문인지
은근 슬쩍 손 한 번 잡아보자던 남정네도
시나브로 발길 끊은 지 오래라는
순영이네 썰렁하다 못해 휑한 식당
이 골목에도 다시 볕들 날 있을 거라고
사이비종교보다 못한 믿음 버리지 못해
오늘도 수지 안 맞는 가게 문 연다
속이야 무쇠 솥이 닳도록 부글부글 끓겠지만

내 식구 밥상처럼 어머니 손맛으로 끓여내는
순영이네 보글보글 된장찌개 맛
아직 희망 버리지 않아도 될 만큼 구수하다

그때 그 저녁

땅거미 차츰 짙어지고
봇도랑에 살진 미꾸라지들 누렇게 거슬러 오를 때
어머니, 빨간 고추 자근자근 다져넣고
씩씩 김을 뿜는 무쇠솥 뚜껑 뜨겁게 열어젖히면
거기 냄새 한 번 죽여주던 추어탕 끓는 소리
박꽃 하얗게 핀 초가지붕 위로 순이 얼굴 같이
달이 뜨는 저녁은 이제 없다

부산 詩文學 시인회

연혁

부산 시문학 시인회 연혁

1992. 4. 재부 월간 《시문학》 등단 시인들이 모여 부정기로 시낭송회 개최하면서 회원 단체 만들 것 논의함 (도레미센터)

1993. 1. 29 범일동 석화그릴에서 모임 가짐. 단체 명칭 '부산시문학시인회' 로 하고 강남주 회원 초대 회장으로 추대 (총무 윤정숙)

1993. 3. 26 시낭송 행사에 대한 구체적 논의. 행사 제목 '시가 있는 저녁' 으로 하고 행사일은 매월 둘째 주 금요일로, 장소는 영광도서 사랑방으로 정함

1993. 5. 14 제1회 '시가 있는 저녁－젊은 세대를 위한 시의 가교' 이후 1996년까지 총 30회 개최

1994. 11. 30 제 1 사화집 『자유를 위한 交感』 발간

1995. 12. 21 제 2 사화집 『始生代 바람으로』 발간

1996. 4. 15 부산시문학시인회 한·영·일 대역시집 『세계로 띄우는 우리의 시』 발간 (해원출판사)

1996. 5. 24 일본 '호수아비' 동인회와 한·일 시인 교류 협정식 가짐 (해운대 파라다이스비치 호텔)

1996. 12. 10 제 3 사화집 『천년을 썩지 않는 슬픔』 발간

1997. 8. 23 ~24 일본 미야자키에서 한·일 친선 교류 세미나를 '호수아비' 동인회와 공동 개최 (강남주, 이병구, 백영희, 탁영완, 윤정숙 회원 참가)

1997. 12. 25 제 4 사화집 『꽃잎으로 수선되다』 발간

1998. 10. 10 제 5 사화집 『견디기, 길들이기, 허물기』 발간

1999. 12. 21 제 6 사화집 『내 안에서 찬란하다』 발간

2000. 11. 30 제 7 사화집 『푸른 내 물소리를 듣고 싶다』 발간

2001. 12. 29 제 8 사화집 『내 사랑, 아웃사이드』 발간

2002. 8. 2~4 일본 대마도 문학기행 (2박 3일)

2002. 12. 13 제 9 사화집 『때로는 사무친다』 발간

2003. 6. 24 제1회 '시와 사진전' (전 회원 시와 이몽희 회원 사진, 삼성생명 B/D 비추미 전시장)

2003. 11. 28 제 10 사화집 『내게로 무너져오는』 발간

2004. 12. 15 제 11 사화집 『내 목소리 낮아지고』 발간

2005. 9. 제2회 '시와 사진전'(전 회원 시와 이몽희 회원 사진, 부산 · 울산 · 마산 순회 시사전)

2005. 11. 30 제 12 사화집 『나도 하나의 부호이고 싶다』 발간

2006. 11. 10 제 13 사화집 『네 갈망의 곡괭이를 그쯤에서 던지고』 발간

2007. 11. 25 제 14 사화집 『저 무위의 과녁을 향해』 발간

2008. 9. 17 다음 카페 개설 (부산시문학시인회)

2008. 11. 19 제 15 사화집 『새의 눈으로 보다』 발간

2009. 12. 20 제 16 사화집 『세상의 저녁』 발간

2010. 11. 29 제 17 사화집 『박제된 시간을 풀고』 발간

2011. 1. 25 신년회 및 임원진 구성 (회장 백영희, 총무 송인필)

4. 25 시와 함께 하는 걷기 행사 - 암남공원 둘레길 걷기

5. 28 한국시문학회 제 35회 봄 문학기행 - 문학특강 및 시낭송회

2011. 11. 28 제 18 사화집 『들불처럼 번지는』 발간

2011. 12. 27 송년회 겸 사화집 『들불처럼 번지는』, 조영희 회원 『밀물과 썰물 사이』, 백영희 회원 『바람의 씨앗』 출판기념회

2012. 1. 19 신년회 및 임원진 구성 (회장 조영희, 총무 고훈실)

3. 31 장동범 회원 시집 『바람소리 혹은 낚詩』 출판기념회 및 전시회 (이주홍 문학관)

4. 14 시문학 봄 문학기행 (삼랑진 수촌재)

11. 21 부산시문학시인회 발족 20주년 기념 한·중·일 대역시집 『부산의 詩 아시아로 날다』 발간 (제 19 사화집 겸함)

2012. 12. 26 『부산의 詩 아시아로 날다』 출판기념회 (국제신문 24층 크리스탈)

2013. 1. 28 신년회 및 임원진 구성 (회장 배기환, 총무 최지인)

2. 18 정기월례회 및 시집 공동 출판기념회 (강정화, 배기환, 장동범 회원)

3. 29 백영희 회원 2012 한국동서문학 작품상 수상, 올해의 최고 시로 선정

2013. 7. 31 제 20 사화집 『서서 잠든 자의 영원』 발간

2013. 10. 16 제 20 사화집 출판기념회 (영광도서)

12. 30 송년회 (원조 뚝배기)

2014. 1. 8 신년회 및 임원진 구성 (회장 김인권, 총무 이효애)
1) 슬로건 : 2014년 '시 섬김의 해' 로 지정
2) 매월 마지막 금요일 독서 토론회 지정
(분과 위원 : 이몽희, 고훈실)

3. 8 가덕도 생태마을 (진우도) 탐방

4. 5 범어사 야외 월례회 개최

7 한경동 회원 시집 『누운 섬』 발간

7. 28~29 1박 2일 여름 문학기행 (하동 방아섬)

11. 5 제 21 사화집 『바람의 비늘도 유적이 된다』 발간

11. 28 제 21 사화집, 한경동 회원 시집 『누운 섬』, 최지인 회원 시집 『오래된 약속』 출판기념회 (영광도서 사랑방)

2014. 11. 배기환 회원 해양문학상 시 부문 최고상 수상

2015. 집행부 회장 장동범, 총무 이효애

4. 문학기행 (남해, 문학의 향기 돌아보기)

10. 탁영완 회원 시집 『시월국화는 시월에 핀다더라』 발간 및 출판기념

11. 제 22 사화집 『내가 사랑한 시간의 문턱』 출판

12. 송년 및 총회 (쥬디스태화 자연별곡) 뷔페

2016. 집행부 회장 장동범 연임, 총무 김예진

1. 배기환 회원 을숙도문학상 본상 수상

4. 문학기행 (통영, 문학의 발자취 따라가기)

5. 김예진 회원 시집 『게스트하우스』 출판

6. 백영희 회원 시집 『지장경 싹이 트다』 출판

8. 이효애 회원 시집 『그 틈, 읽기』 출판

9. 배기환 회원 제 6 시집 『젊음의 징비록』 출판

9. 백영희 회원 부산문학상 대상 수상

10. 탁영완 회원 부산 펜 문학상 본상 수상

10. 제 23 사화집 『하얀 맨살로 바다를 건너와』 출판

12. 제 23 사화집, 김예진, 백영희, 이효애, 조영희 네 시인의 시집 출판기념회 개최(다이아몬드 호텔 연회장)

2017. 2 집행부 회장 이혜화, 총무 김예진

4. 문학기행 (진해 일대)
6. 한국 시문학 문인회 문학기행 (거제, 통영 일대)
7. 한경동 회원 시집 『목간을 읽다』 출판
8. 배기환 회원 해양문학상 대상 수상
9. 김검수 회원 부산사상문화상 수상
9. 고훈실 회원 시집 『3과4』 출판
9. 조영희 회원 부산 펜 문학상 본상 수상
10. 강남주 회원 장편소설 『유마도柳馬圖』 출판
11. 장동범 회원 시집 『심심』 출판
11. 제 24 사화집 『차갑고 깊은 발돋움으로』 출판

부산시문학시인회 주소록

이름	주소	전화
강남주	48075 해운대구 대천로 103번길 61 LG아파트 110동 802호	010-8551-6000 051-702-1447
강정화	12907 경기도 하남시 풍산로 270 미사강변도시 베라체2단지 204동 1405호	010-3594-2084 051-555-7878
고훈실	47837 동래구 아시아드대로 234 반도보라아파트 103동 2003호	010-5488-7152
김검수	46976 사상구 괘감로 53	010-8564-4508 051-632-5888
김예진	47174 부산진구 개금3동 신개금 엘지아파트 213동 902호	010-4542-0565 051-891-2180
김인권	46765 강서구 명지오션시티 2로 71 극동스타클래스 121동 1204호	010-3570-1036
김지숙	46536 북구 금곡대로 264-1 대림쇼핑타운 313-2호	010-3563-7819 051-363-9709
배기환	48577 남구 이기대 공원로 26번길 21-4 3동 205호 (용호동 화신골든맨션)	010-3870-0536 051-623-0530
백영희	46274 금정구 중앙대로 1763번길 36-11 금정빌리지 702호	010-6581-8875 051-515-0349
송인필	52430 경남 남해군 이동면 초양로 141	010-8524-9310 055-321-3300
이몽희	48065 해운대구 해운대로 483번길 10 7동 1202호 (우동 롯데아파트)	010-3550-5485 051-741-5484
이병구	48585 남구 용호로 155-1 이병구 내과의원	016-858-8991 051-623-7092
이혜화	46971 사상구 새벽로 215번길 84 대부정공(주)	010-8554-7579 051-322-7579
이효애	46201 금정구 청룡예전로 100-12 경동 메르빌 2차 203동 103호	010-9909-5052 051-508-5057
장동범	48306 수영구 남천동로 41, 103-402호 (코오롱하늘채)	010-3728-3774 051-622-0087
정성환	48075 해운대구 대천로 103번길 61, LG아파트 104동 2302호	010-8858-7962 051-702-7952
조민자	50925 경남 김해시 부원동 607-3	010-2353-4489 055-333-0213
조영희	46770 강서구 가덕해안로 821번길 100 천성보건진료소	010-4547-3196 051-243-5187
최지인	47168 부산진구 개금 본동로 42 개금 반도보라아파트 103동 205호	010-8904-8240 051-892-8240
탁영완	47196 부산진구 동평로 218 일동미라주 103동 1401호	010-4585-2158 051-802-2158
한경동	46213 금정구 금정도서관로 13번지 화신아파트 403호	011-9399-6521 051-508-6521

2017 부산 詩文學 사화집 24

차갑고 깊은 발돋움으로

인쇄일 | 2017년 10월 20일
발행일 | 2017년 11월 5일
발행인 | 이혜화 외
발행처 | 부산시문학시인회

펴낸곳 | 도서출판 푸름사 (등록번호 제329-2009-000010호)
부산광역시 부산진구 부전로 35, 301호(부전동, 삼성빌딩)
Tel : (051) 805-8002 Fax : (051) 805-8045
전자우편 : doosoncomm@daum.net

부산시문학시인회 카페 http://cafe.daum.net/poetryfamily

값 8,000원

ISBN 978-89-94839-19-6 03810

「이 도서의 국립중앙도서관 출판시도서목록(CIP)은 서지정보유통지원시스템 홈페이지(http://seoji.nl.go.kr)와 국가자료공동목록시스템(http://www.nl.go.kr/kolisnet)에서 이용하실 수 있습니다.(CIP제어번호: CIP2017026024)」